Inhaltsverzeichnis

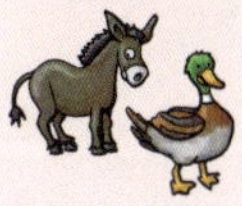

nachspuren,
schreiben, malen

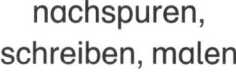

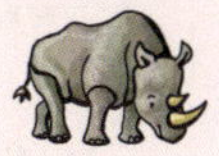

erkennen

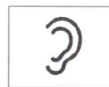

hören

lesen

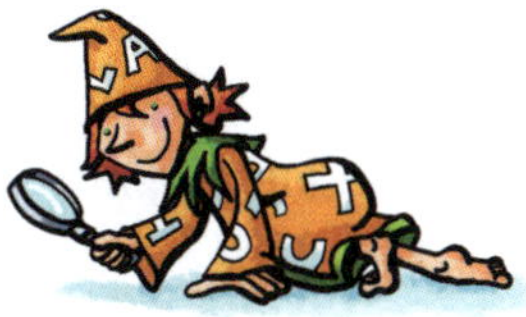

Feld zum Markieren erledigter Aufgaben ☒

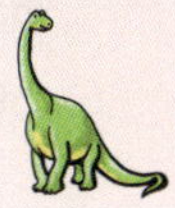

E e

1

E E E E e

E E E e

E E e

E E e

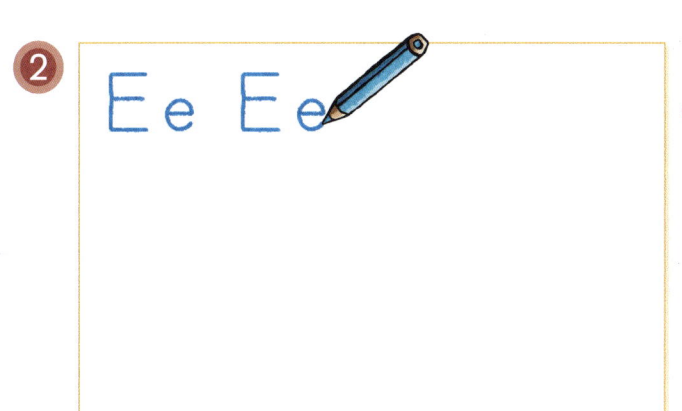

e

E E e e

E e e e e

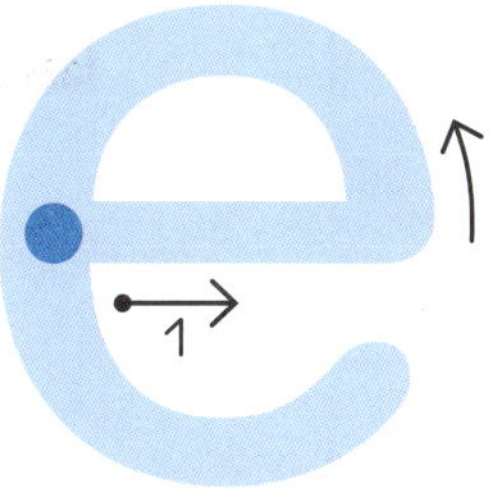

2

E e E e

E e

1

Esel

Tomate

Ente

Taste

Amsel

Liste

Sessel

Elefant

Tee

2

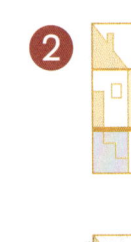

E/e im Wort nachspuren;
E/e schreiben

E e

1

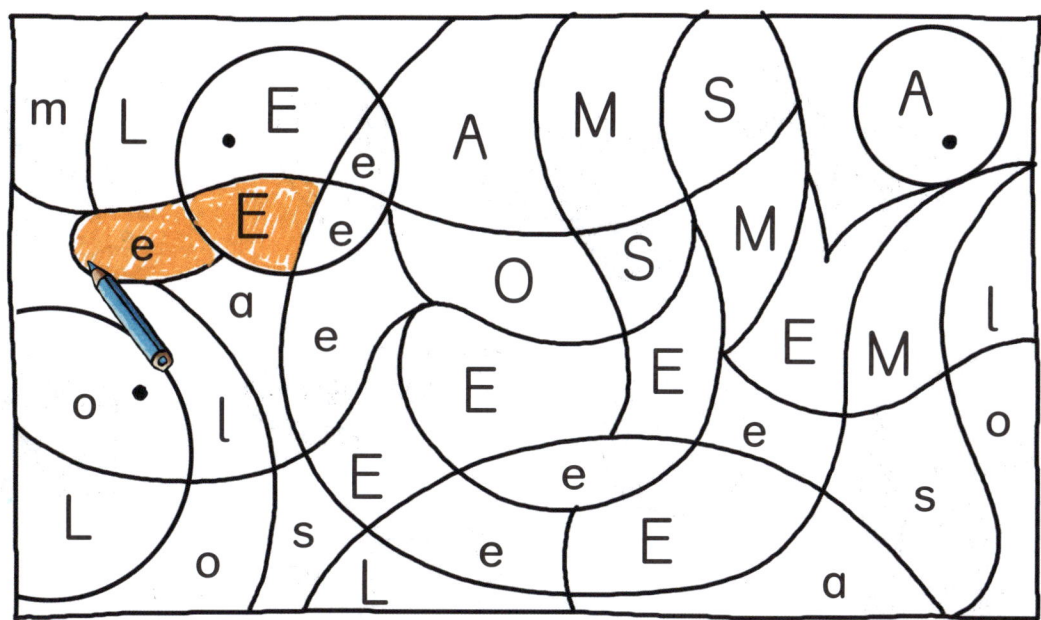

2

E e

1

Bildwörter mit dem E/e-Laut einkreisen (Langvokal, Kurzvokal)

E e

1

E e

2

e

Stellung des E/e-Lautes (Langvokal, Kurzvokal) abhören (Anlaut, Inlaut, Auslaut)   7

1

2

Taste

Salat

Tomate

Amsel

Liste

See

3

Silbenbögen einzeichnen;
Reimwörter verbinden

E e

1

E e   E e

Esel   Esel

Liste   Liste

Tee   Tee

Tasse   Tasse

alle   alle

es   es

2

Esel Esel Esel Esel Esel Esel

Liste Liste Liste Liste Liste Liste

Tee Tee Tee Tee Tee Tee Tee

Tasse ...

Das E ist toll!

E e

1

Am Ende -el!

Amsel

Sess

Amsel

Ins

Es

Satt

2

Tim malt Oma mit Imo.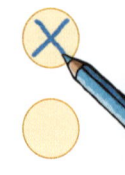

Tim malt mit Oma Imo.

Oma sammelt alte Tassen.

Oma sammelt alle Esel.

Lisa ist im Sessel.

Lisa ist im See.

Endung -el ergänzen;
passende Sätze ankreuzen

E e

❶ Tim malt

Tim malt Lisa.

Tim malt Lisa im Sessel.

Tim malt Lisa im Sessel am See.

Tim malt Lisa im Sessel am See. Toll!

Male mit Tim!

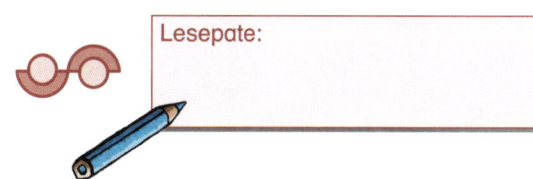

Lesepate:

❷

Esel

Tomate

❸

Text lesen, passende Bilder malen;
eigene Wörter/Sätze schreiben und dazu malen

11

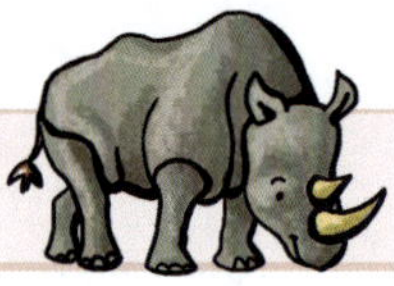

1

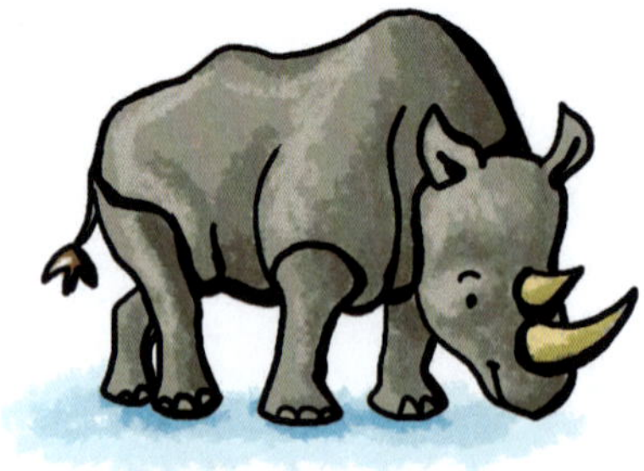

2

3

N/n nachspuren;
N/n schreiben; eigene Wörter mit N/n schreiben

N n

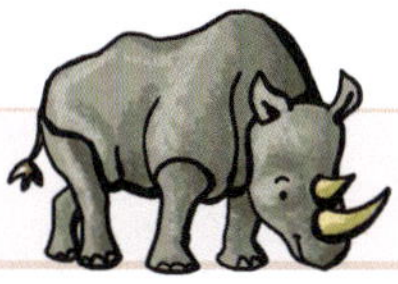

1

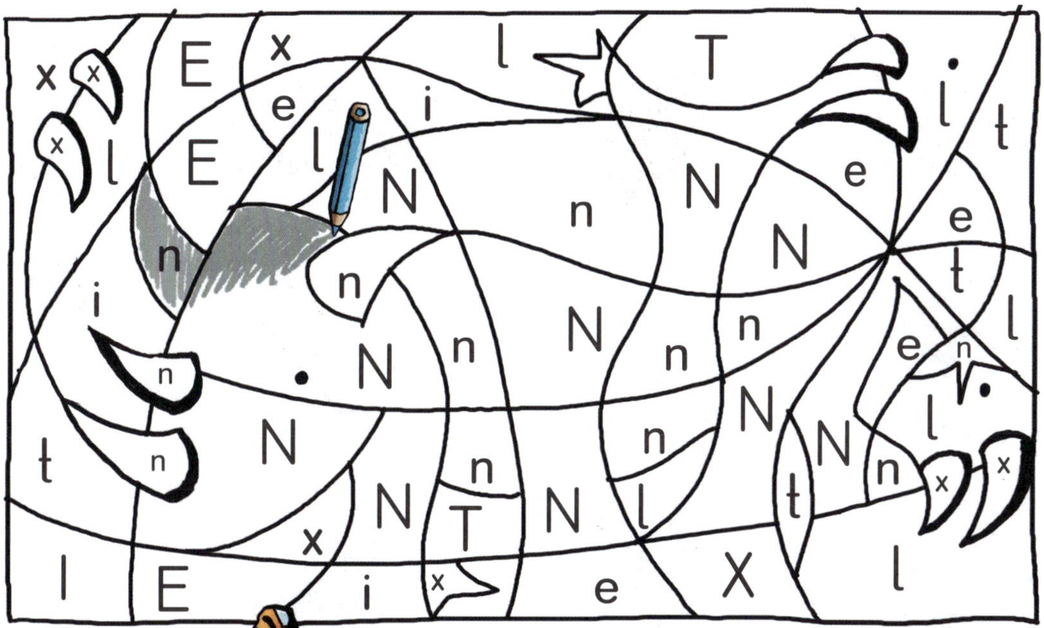

2

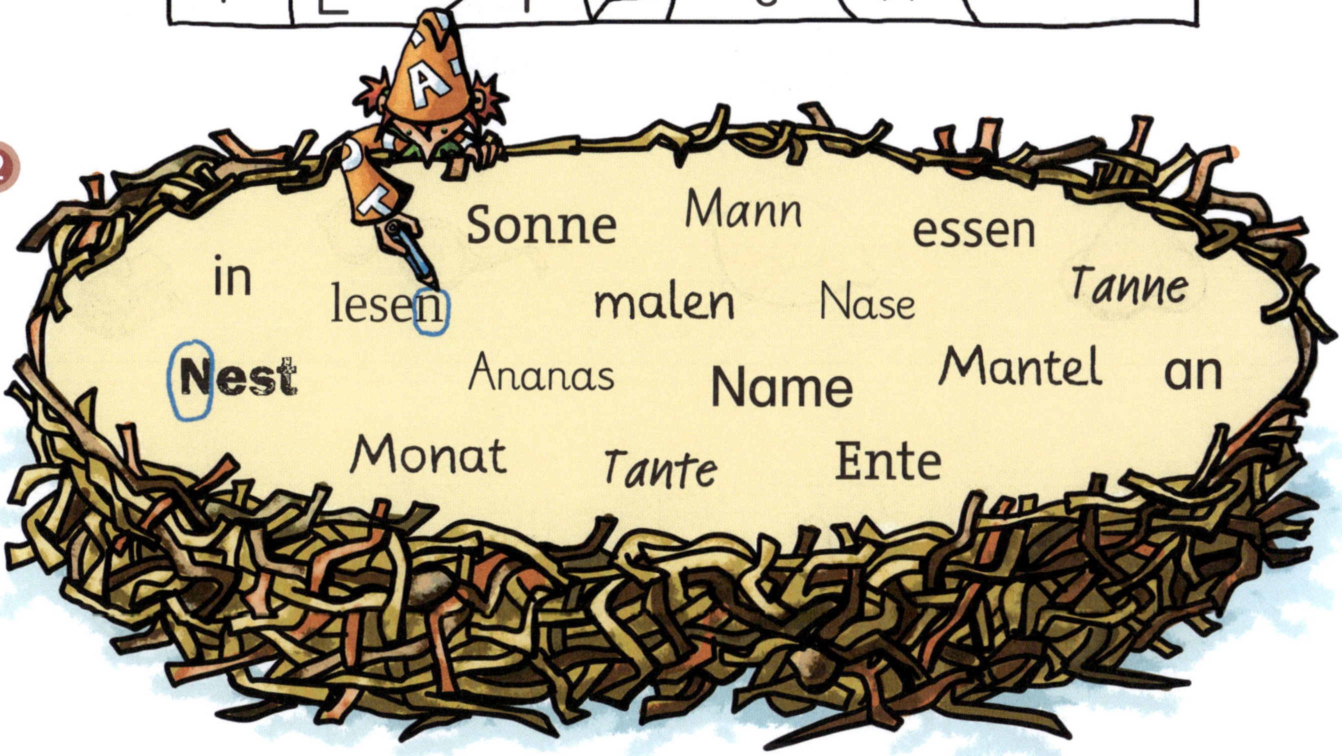

Sonne Mann essen

in lesen malen Nase Tanne

Nest Ananas Name Mantel an

Monat Tante Ente

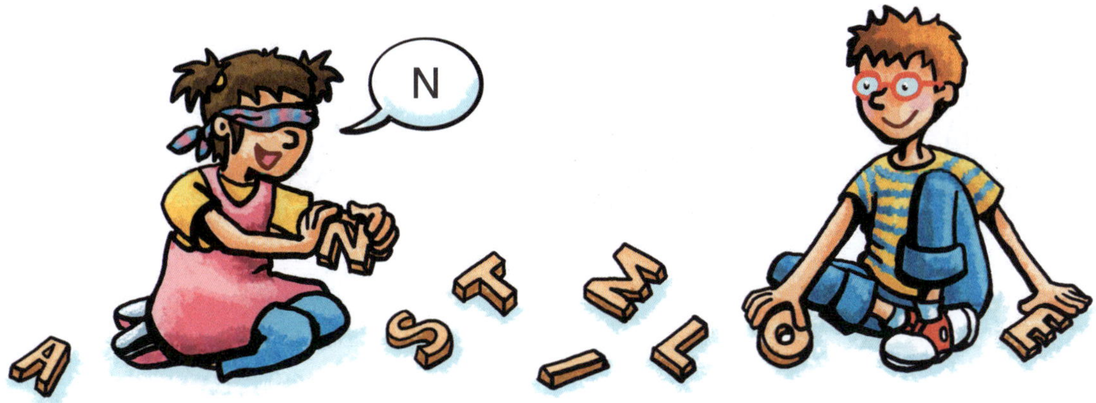

N

N n

1

2

Bildwörter mit dem N/n-Laut einkreisen (Anlaut, Inlaut, Auslaut);
Stellung des N/n-Lautes abhören (Anlaut, Inlaut, Auslaut)

N n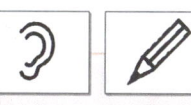

1

Ente

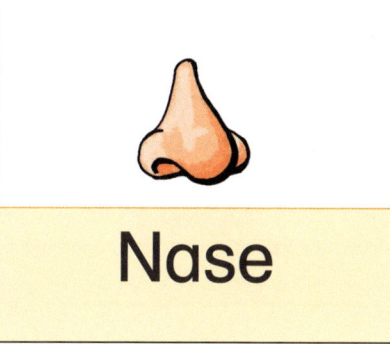
Nase

lesen

Nest

Melone

malen

2

 Na    Man    Lis    sel    te   te

 In    En    Ton   tel   ne   se

  Liste

  En

Silbenbögen einzeichnen;
Silben zusammensetzen

15

N n

1

N n   Nn

Nase   Nase

Name   Name

Sonne   Sonne

lesen   lesen

malen   malen

an   an

2

Nase Nase Nase Nase Nase Nase

Name Name Name Name Name

Sonne Sonne Sonne Sonne Sonne

lesen ...

Namen

16

Buchstaben und Wörter nachspuren und abschreiben

1

Am Ende -en!

nist**en**

ess ____

tast**en**

mess ____

mal ____

les ____

2

| Alle lesen. |
| Oma nimmt Imo mit. |
| Amseln nisten im Nest. |
| Lisa ist total satt. |
| Tim ist nass. |
| Mama nimmt Ananas. |

Endung -en ergänzen;
Sätze mit passenden Bildern verbinden

N n

1

Tonne ◯	Tasse ◯	Tante ◯	essen ◯
Nonne ◯	Tanne ◯	Tinte ◯	testen ◯
Sonne ✕	Tante ◯	Ente ◯	messen ◯

2

1 Nasim malt Tannen am See.

2 An Omas Nase ist Tinte.

3 Esel essen Salat.

4 Tante Annas Mantel ist lila.

1

passende Wörter ankreuzen;
Sätze zuordnen, Bilder vervollständigen

1

tas	len	 	
ma	ten		*tas*
le	sen		
In	se	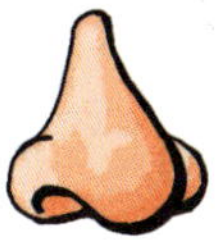	
En	sel		
Na	te		

2

Nasim malt Lisa an.

Lisa

N n

Liste mit allen Namen

1 Namen mit N:  Nina  _____

Namen mit T:  _____  _____

Namen mit A:  _____  _____

Namen mit L:  _____  _____

2 Namen mit ___:  _____

20

Namen zuordnen und schreiben;
weitere Namen schreiben

D d

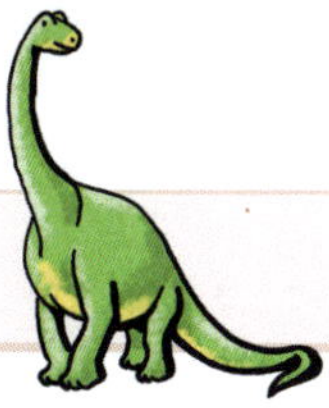

1

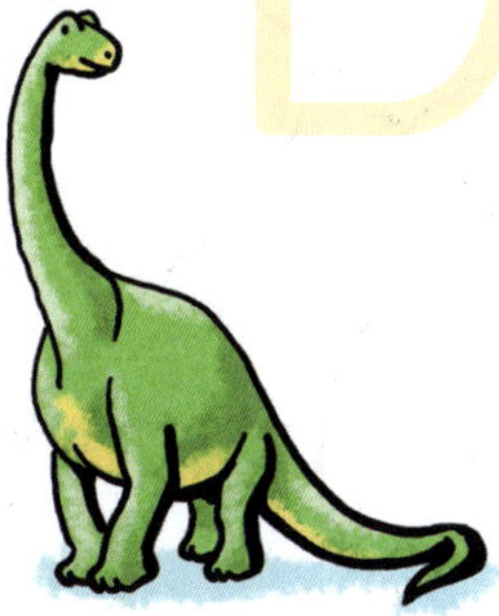

2

3

D/d nachspuren;
D/d schreiben; eigene Wörter mit D/d schreiben

D d

1

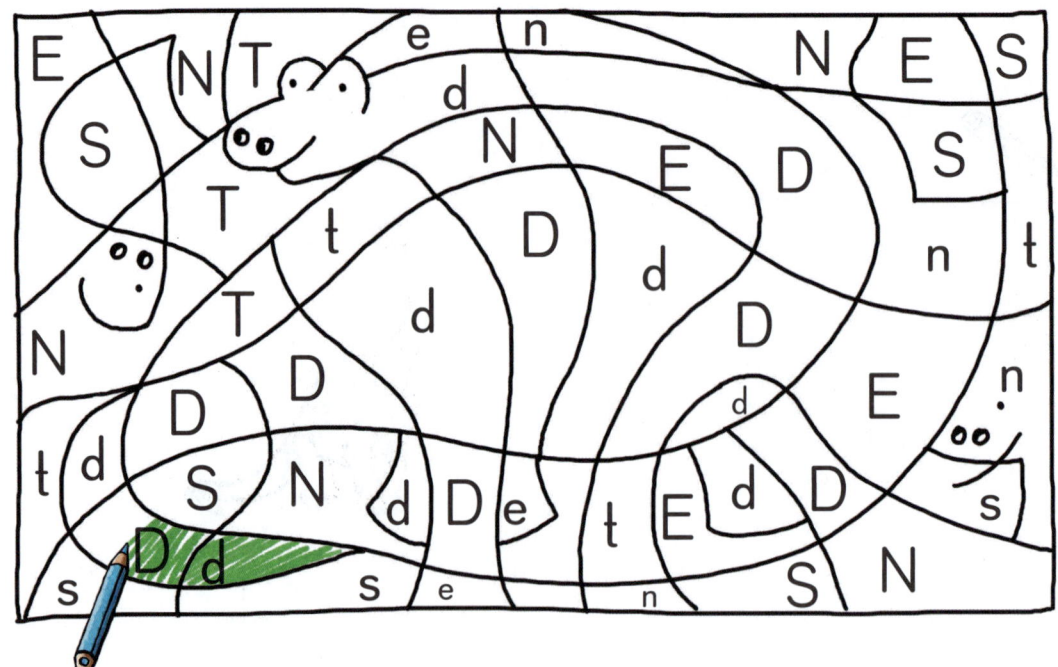

2

N		s
D		a
A		i
M		t
I		d
S		m
T		n

s		S
m		D
i		T
d		A
t		M
a		N
		I

I		**N**
m		i
T		A
n		d
S		M
D		t
a		s

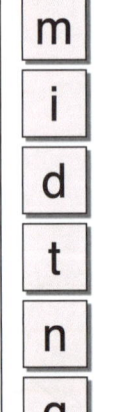

Felder mit D/d ausmalen;
Groß- und Kleinbuchstaben verbinden

D d

1

2

 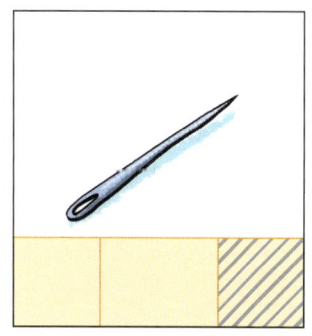 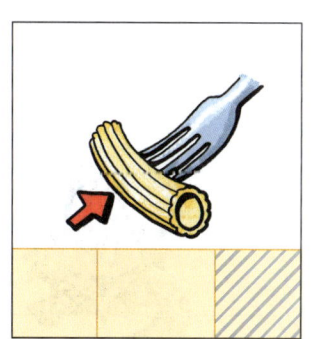

Bildwörter mit dem D/d-Laut einkreisen (Anlaut, Inlaut);
Stellung des D/d-Lautes abhören (Anlaut, Inlaut)

D d

1

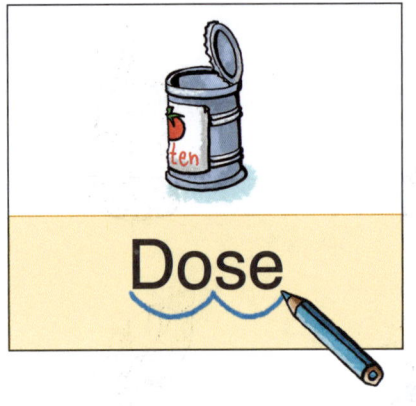

Dose

Mandel

Sand

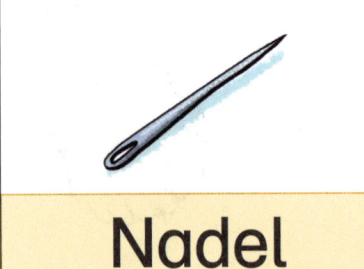

Nadel

Laden

Domino

Dino

Mond

Dame

2

Dose

Sand

Laden

24

Silbenbögen einzeichnen;
Reimwörter verbinden

D d

1

D d

Dose

Laden

Ende

da

das

sind

2

Dose Dose Dose Dose Dose Dose

Laden Laden Laden Laden Laden

Ende Ende Ende Ende Ende Ende

da ...

das

D d

1

Am Ende -e!

Ende

Limonad___

Ende

Dos___

Dam___

Nam___

2

In den Dosen sind Nadeln.  ✗
In den Dosen ist Sand. ◯

Dinos landen im See. ◯
Enten landen im See.  ◯

Mama soll Linsen essen. ◯
Mama soll Lisa messen. ◯

Tim tadelt Imo. ◯
Tim tastet Imo. ◯

fehlende Buchstaben ergänzen;
passende Sätze ankreuzen

D d

Tom, Dana…

Oma ist	alle Namen.
Lisa malt	den Mond.
Mami nimmt	im Laden.
Tim nennt	den Mantel.

 Oma ist im Laden.

passende Sätze bilden und schreiben

D d

1

Man / Na > del

Mandel

Na

Do / Na > se

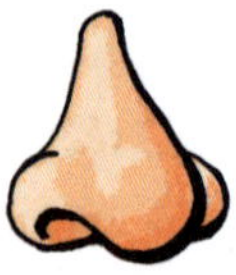

Tan / Ton > ne

2

Das sind Dosen.

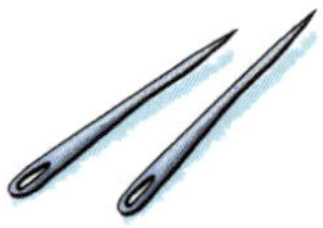

Silben verbinden;
Satz schreiben

1 **Im Laden**

Mama ist mit Tim im Laden.

Mama nimmt Tomaten.

Es sind Tomaten in Dosen.

Mama nimmt Ananas.

Es sind Ananas in Dosen.

Mama nimmt Linsen.

Es sind Linsen in Dosen.

Tim nimmt Salami, Tee, Salat.

Tomaten in Dosen sind Dosentomaten. Ananas in Dosen sind ...

2 **Ist das alles?**

Lesepate:

Tomaten ✓
Ananas
Mandeln
Linsen
Tee
Salami
Salat
Melone

Text genau lesen, Einkäufe auf der Liste abhaken

U u

1

2

3

U/u nachspuren;
U/u schreiben; eigene Wörter mit U/u schreiben

U u

1

2

um
du
nun
Lust
Nudel
Tunnel
umsonst
Mut
Minute
Mund
unten
Nuss
und
Ute
Unsinn

U u

Bildwörter mit dem U/u-Laut einkreisen (Langvokal, Kurzvokal)

U u

 1

   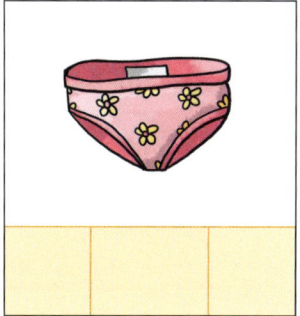

 2

Nuss

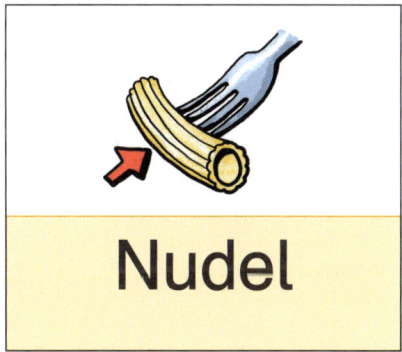
Nudel

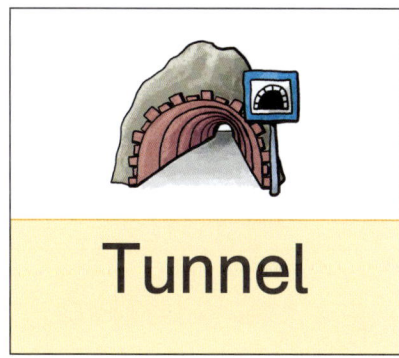
Tunnel

Museum

Mund

Minute

Stellung des U/u-Lautes abhören (Anlaut, Inlaut, Auslaut);
Silbenbögen einzeichnen

33

1

U u   U u

Mund   Mund

Nudel   Nudel

tun   tun

nun   nun

und   und

du   du

2

Mund Mund Mund Mund Mund

Nudel Nudel Nudel Nudel Nudel

tun tun tun tun tun tun tun tun tun

nun ...

An Tim:
Um ⏰ mit Uli am See.
Nimm Tassen mit.
Mesut

Buchstaben und Wörter nachspuren und abschreiben

U u

1

| Nu | Da | sum | nel | sen | men |

| Tun | le | es | tum | sen | del |

Tun

2

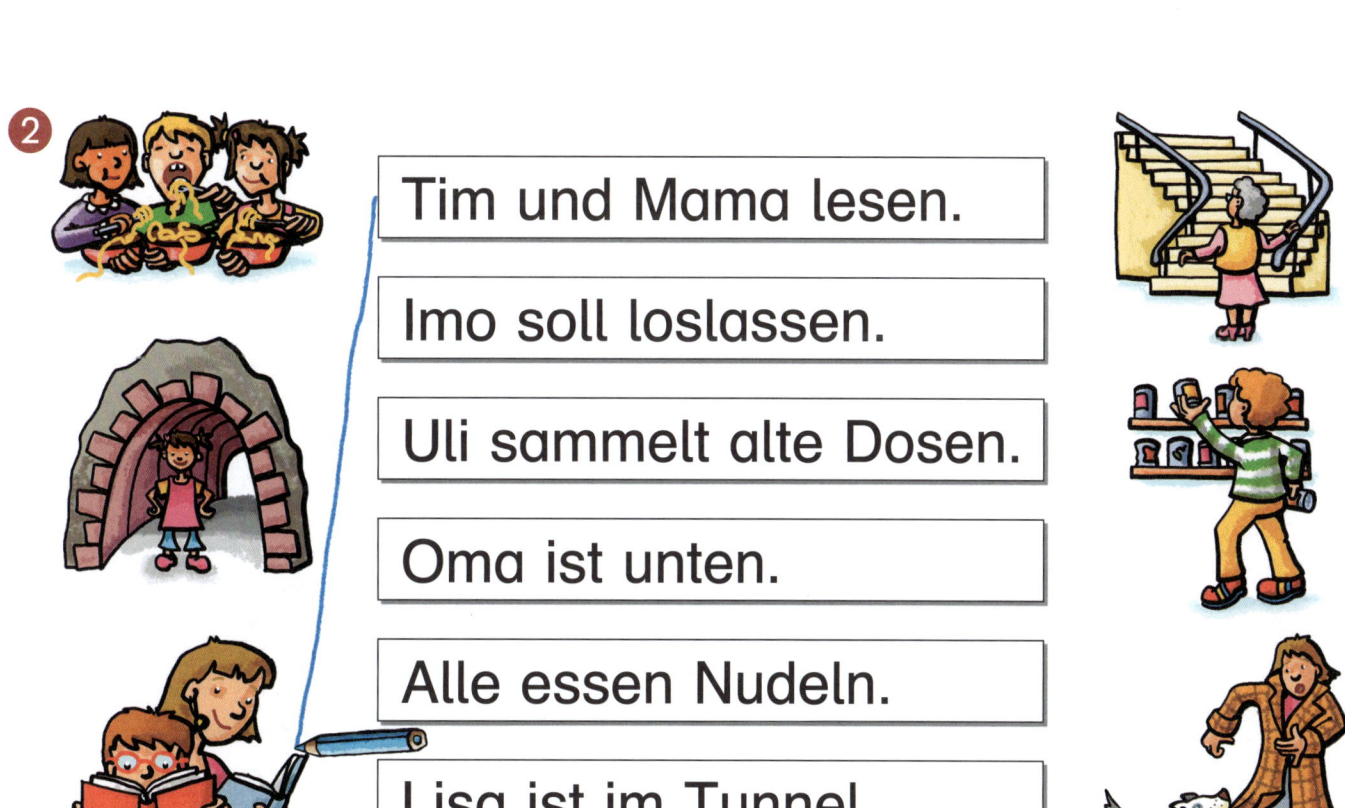

Tim und Mama lesen.

Imo soll loslassen.

Uli sammelt alte Dosen.

Oma ist unten.

Alle essen Nudeln.

Lisa ist im Tunnel.

Silben zusammensetzen;
Sätze mit passenden Bildern verbinden

1

Nase ⚪	Mond ⚪	Mist ⚪	summen ⚪
Nudel ✕	Mund ⚪	Nest ⚪	tummeln ⚪
Nadel ⚪	Land ⚪	Lust ⚪	sammeln ⚪

2

1	Lisa malt den Mond in den Sand.
2	Im See sind 2 Enten.
3	An Lottas Mund sind Nudeln.
4	Imo ist im alten Sessel.

1

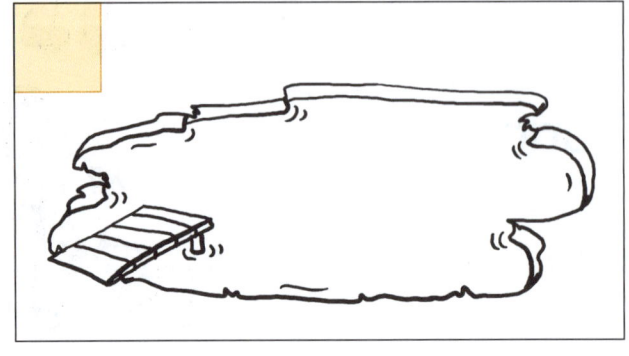

passende Wörter ankreuzen;
Sätze zuordnen, Bilder vervollständigen

U u

1

mes	sen
es	men
sum	sen

messen

Tun	sel
Nu	nel
In	del

2 Uli und Lisa essen

Silben verbinden;
Satz schreiben

37

❶ Sinn? Unsinn?

Alle Esel sind nass.

Das ist Unsinn!

Man muss atmen.

Das ist so.

Alle Tanten summen.

Das ist Unsinn!

1 + 1 = 2

Das ist so.

Man muss mit dem Mond essen.

Das ist Unsinn! Man muss mit dem Mund essen.

❷

Lesepate:

Aussagen mit verteilten Rollen lesen; sinnlose und sinnvolle Sätze ausdenken

P p

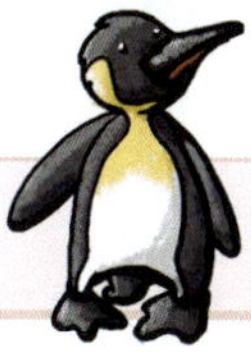

1

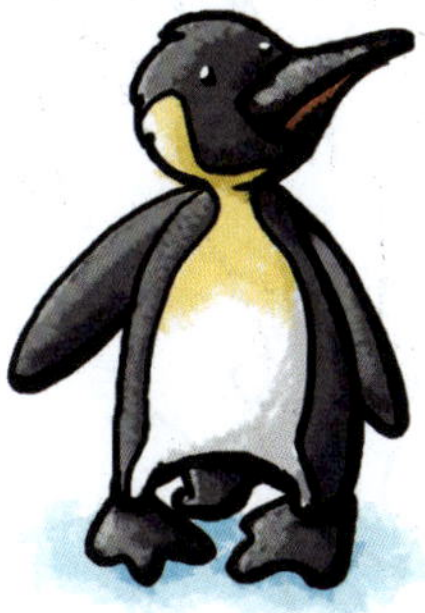

2

3

P/p nachspuren;
P/p schreiben; eigene Wörter mit P/p schreiben

P p

2

P		s
N		u
D		e
U		t
E		n
S		d
T		p

s		E
p		D
e		P
t		U
d		T
n		S
u		N

E		p
n		e
P		D
u		t
S		N
T		U
d		s

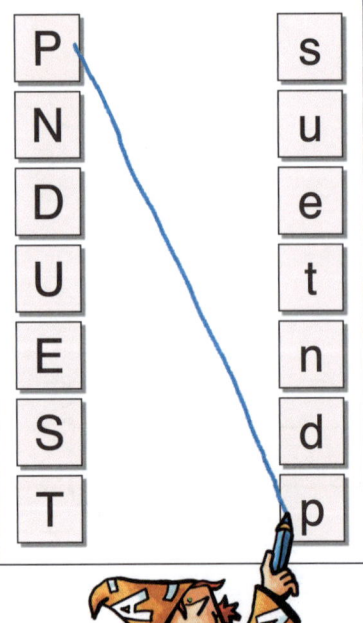

Felder mit P/p ausmalen;
Groß- und Kleinbuchstaben verbinden

P p

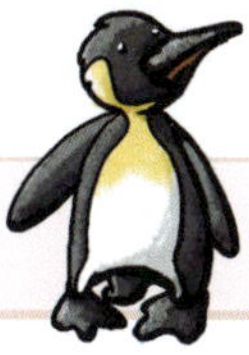

1

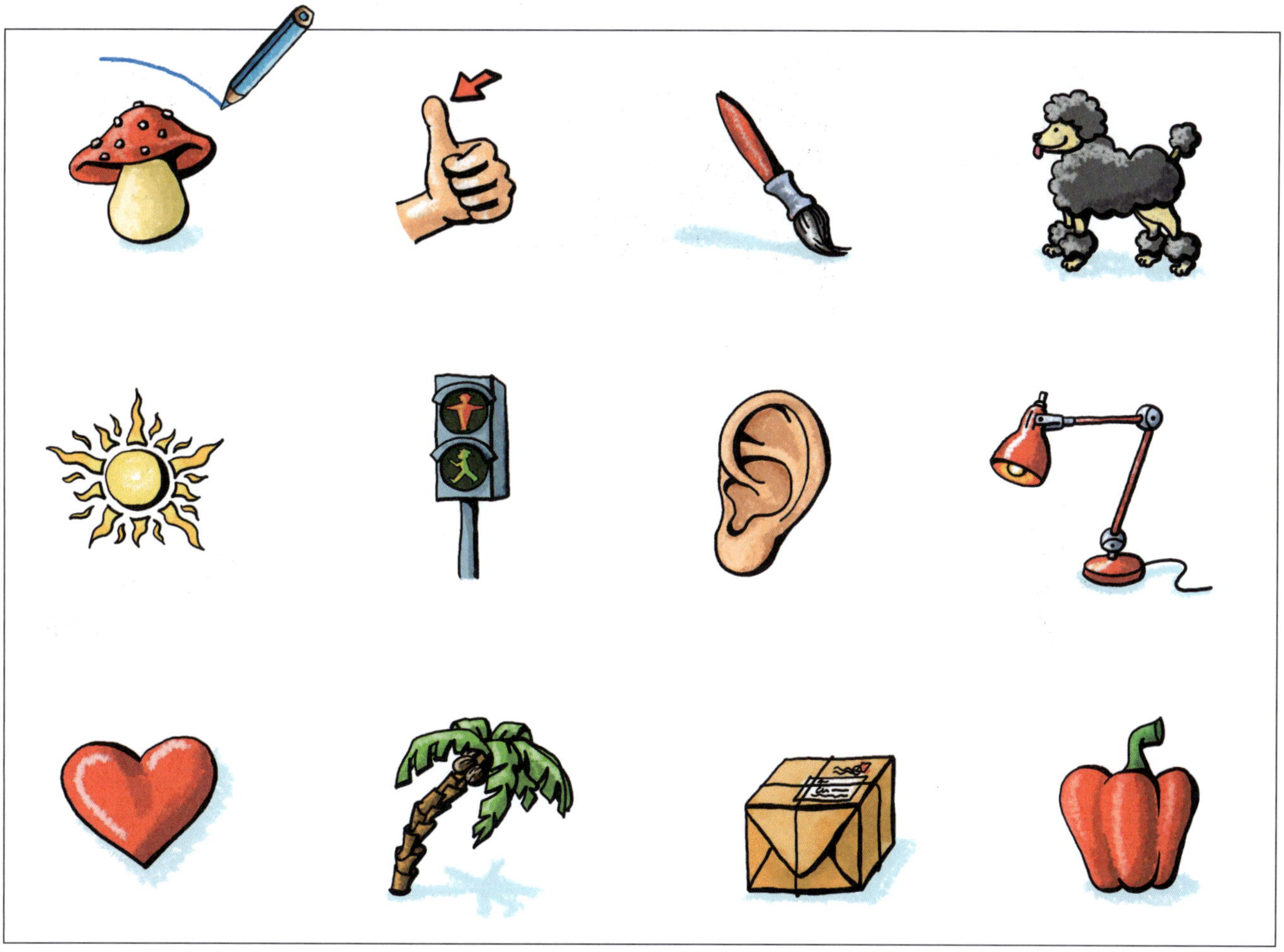

2

Bildwörter mit dem P/p-Laut einkreisen (Anlaut, Inlaut);
Stellung des P/p-Lautes abhören (Anlaut, Inlaut)

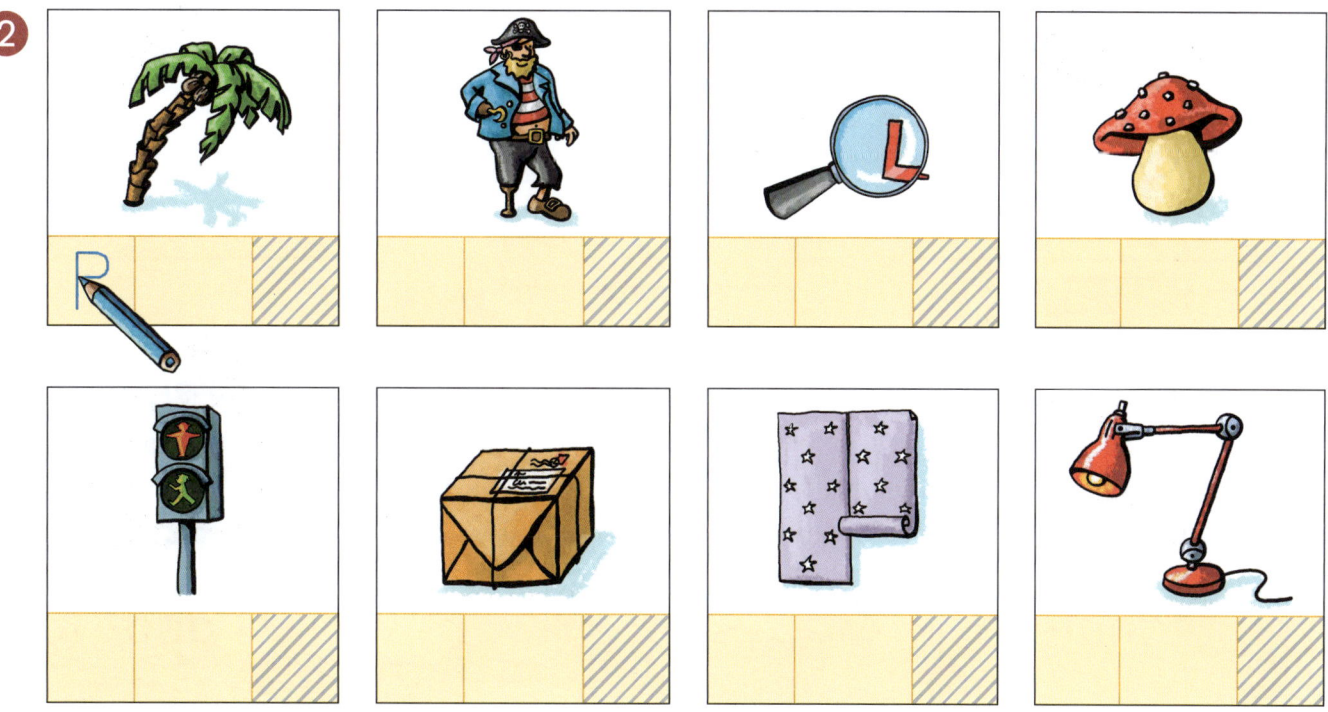

P p

1

Pilot

In allen ⌣
a, e, i, o, u !

i o

o

u e

i e a

Post

Tulpe

Lineal

2

Sand

a

i e

a a

a e e

Tapete

Pinsel

Papa

Silbenbögen einzeichnen, mit den passenden Silbenbögen verbinden;
Vokale (Silbenkerne) einkreisen

P p

1

P p P p

Puppe Puppe

Papa Papa

Opa Opa

Pinsel Pinsel

Ampel Ampel

pusten pusten

2

Puppe Puppe Puppe Puppe Puppe

Papa Papa Papa Papa Papa Papa

Opa Opa Opa Opa Opa Opa Opa

Pinsel ...

P p

1

Mond

Nudel

Mund

Oma

Suppe

2

Nasim malt mit dem Pinsel. ✕

Nasim malt mit dem Mund. ○

Papa nimmt Mamas Mantel. ○

Papa nimmt Mamas Mappe. ○

Tim und Opa essen Pommes. ○

Tim und Opa essen Nudeln. ○

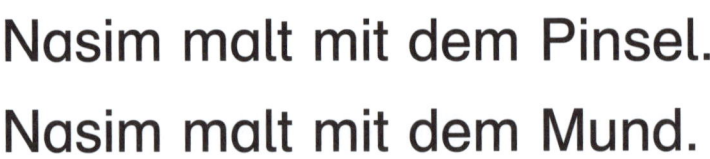
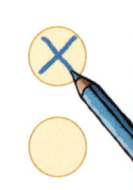

44

Wörter verwandeln und schreiben;
passende Sätze ankreuzen

P p

1

Alle Lampen	isst Suppe.
Imo	soll pusten.
Lisa	sind an.
Papa	ist total nass.

2

Alle Lampen

P p

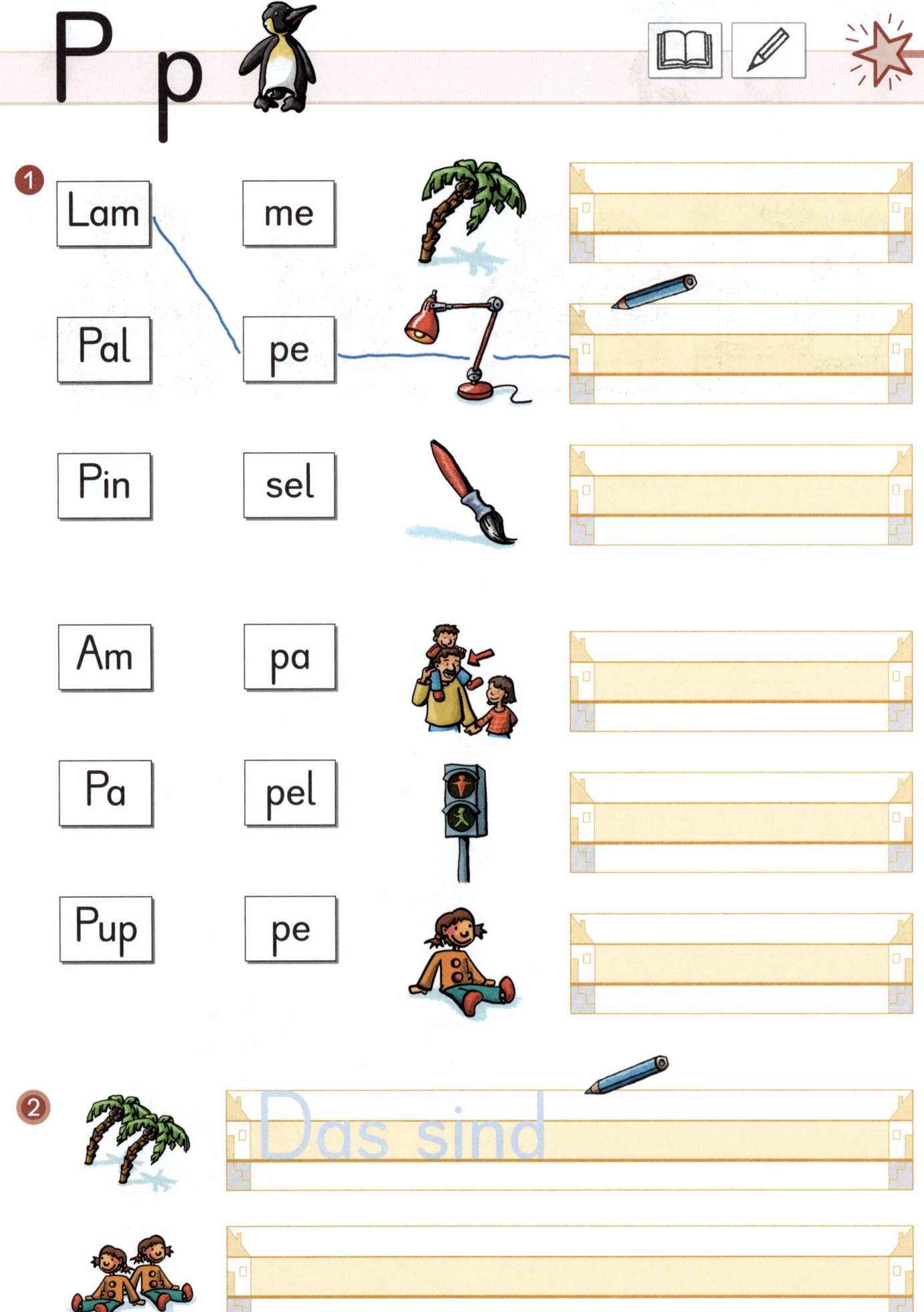

1

Lam	me	Pal	pe	Pin	sel

Am	pa	Pa	pel	Pup	pe

2

Das sind

Silben verbinden;
Satz schreiben

P p

1

Und nun?

Lass den Pulli los!

Du sollst den Pulli loslassen!

Lass los, du!

Und nun?

2

Lesepate:

Text lesen und ergänzen;
über den Streit sprechen

47

1

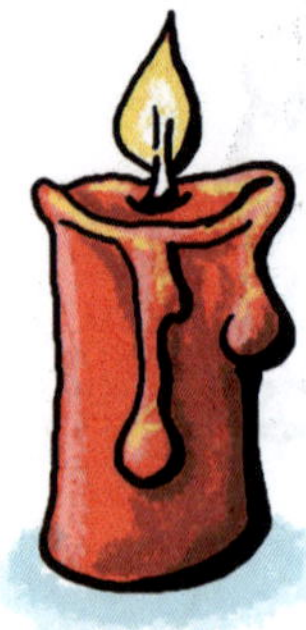

2

3

K/k nachspuren;
K/k schreiben; eigene Wörter mit K/k schreiben

K k

 1

e	e	u	n	e	n	e	e	d	n	e
E	P	P	N	U	u	p	d	E	E	D
P		K		E	P					d
	U		k			E	U	K		k
D	D	k		P	K	k		k	K	p
			K				K	u	k	
e	N	K	k	n	k		e	K	k	u
e		K	k	N	K	k	P	k		K U

2

Paket (Kamm) Klasse Kino
Kanne Kiste kommen (kalt)
Musik
kneten Keks kennen **Kind**
Sekunde kaputt Kette Plakat

Kino ist toll.
Klasse 1
Musik ist toll.

1

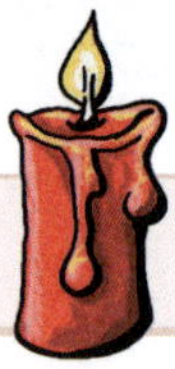

2

K

Bildwörter mit dem K/k-Laut einkreisen (Anlaut, Inlaut, Auslaut);
Stellung des K/k-Lautes abhören (Anlaut, Inlaut, Auslaut)

K k

In allen ⌣
a, e, i, o, u!

1

Paket

Plakat

Keks

Kamm

a e

a a

e

a

2

Kind

Kanu

Knoten

Sekunde

a u

i

o e

e u e

Silbenbögen einzeichnen, mit den passenden Silbenbögen verbinden;
Vokale (Silbenkerne) einkreisen

K k

1

K k   K k

Kiste   Kiste

Klasse   Klasse

Kind   Kind

Keks   Keks

kann   kann

kalt   kalt

2

Kiste Kiste Kiste Kiste Kiste Kiste

Klasse Klasse Klasse Klasse Klasse

Kind Kind Kind Kind Kind Kind Kind

Keks ...

Du kannst toll les...   Anna   Anna

       Buchstaben und Wörter nachspuren und abschreiben

K k

 1

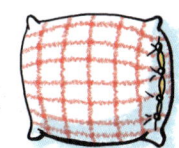  

 Kissen    Pa_et    Ke_s

 K_sse    _ind    K_ste

2

| Tim kommt mit dem Paket. |

| Anne kann toll malen. |

| Das Kind ist im Laden. |

| Opa knipst Lampen an. |

| Mamas Kiste ist kaputt. |

| Papa ist im Kino. |

K k

1

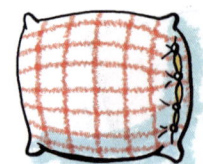   

Kiste ○	Mappe ○	Kasse ○	Kino ○
Kissen ✕	Klappe ○	Klasse ○	Kanu ○
Kette ○	Pappe ○	Tasse ○	Kind ○

2

☐1 Opa ist im Kanu.

☐2 Mama ist mit Papa am Kiosk.

☐3 Im Sessel sind 2 Kissen.

☐4 Papa nimmt Imo mit an den Kanal.

 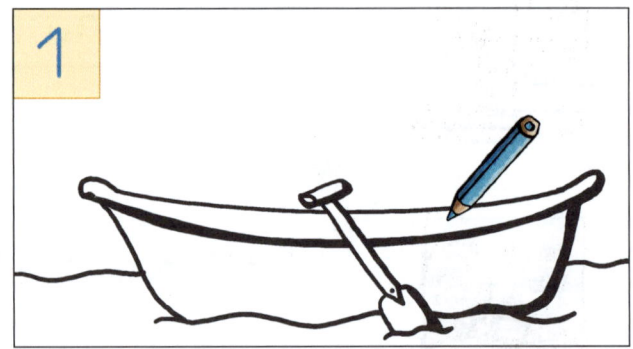

54

passende Wörter ankreuzen;
Sätze zuordnen, Bilder vervollständigen

K k

1

Tas — te → Taste

Tas — se →

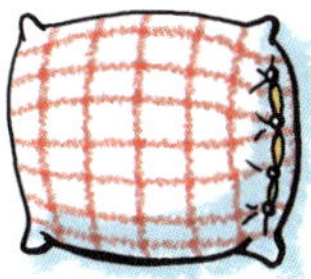

Kis — te →

Kis — sen →

Pa — pa →

Pa — ket →

2

Opa kommt mit

P

Silben verbinden;
Satz schreiben

K k

❶ Klasse 1 a

Anna kann toll Plakate malen.

Anna nimmt den Pinsel

und alte Tapete.

Dann malt Anna das Plakat.

Tim kann toll lesen.

Pippi in Taka-Tuka-Land ist toll.

Lea kann mit dem Kanu paddeln.

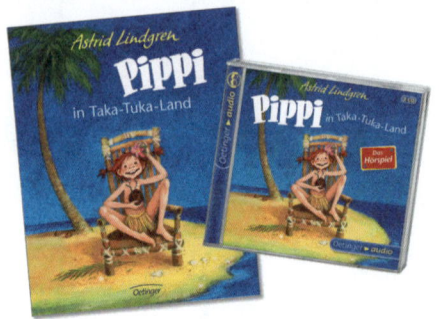

Lukas knetet mit Knete.

Es sind Kamele und Enten.

Das kann Lisa:

Lesepate:

❷ Das kannst du toll: Das kann _____ toll:

Text lesen;
aufschreiben oder malen, was man selbst / ein Partnerkind gut kann